Meu livro de RECORDAÇÕES do BEBÊ

O álbum perfeito para celebrar o primeiro ano do seu bebê

Com 24 cartões comemorativos

GIRASSOL

Dados Internacionais de Catalogação na Publicação (CIP)
Angélica Ilacqua CRB-8/7057

Cody, Kate
Meu livro de recordações do bebê / Kate Cody ; ilustrações de Nina Stajner ; tradução de Talita Wakasugui. — Barueri, SP : Girassol, 2019.
44 p. : il., color.

ISBN 978-85-394-2447-4
Título original: My baby record book

1. Livros do bebê 2. Álbuns I. Título II. Stajner, Nina III. Wakasugui, Talita

19-1191 CDD 649.1

Texto: Kate Cody
Ilustrações: Nina Stajner
Projeto gráfico: Sam Grimmer e Lisa Howard

Publicado no Brasil por
Girassol Brasil Edições Eireli
Al. Madeira, 162 – 17° andar – Sala 1702
Alphaville – Barueri – SP – 06454-010
leitor@girassolbrasil.com.br
www.girassolbrasil.com.br

Diretora editorial: Karine Gonçalves Pansa
Coordenadora editorial: Carolina Cespedes
Assistente editorial: Talita Wakasugui
Tradução: Talita Wakasugui

Impresso na China

Sumário

Nascimento do bebê

Nome

Data de nascimento

Local

Dia da semana

Hora do nascimento

Peso

Altura

Circunferência da cabeça

Quem fez o parto

Nome da doula

Sobre o nascimento

O bebê se parece com

Os olhos do bebê são

E o cabelo é

Signo do bebê

Visitantes

....

....

....

....

....

....

....

Cartões, flores e presentes

....

....

....

....

....

....

....

Momentos inesquecíveis

....

....

....

....

....

O cravo brigou com a rosa,
debaixo de uma sacada
O cravo saiu ferido, e a rosa, despedaçada

Foto do nascimento

Primeiros dias em casa

Visitantes

Cartões, flores e presentes

Rotina alimentar

Duração da mamada

Descrição da mamada

Momentos inesquecíveis

Rotina de sono

Hora de dormir

Hora de acordar

Anúncio de jornal do nascimento

Bem-vindo(a) ao mundo

Nosso presidente

....

Manchetes de jornal

....

....

....

....

Preço do pão

....

Preço de um selo

....

Preço de um jornal

....

Momentos inesquecíveis

....

....

....

....

....

....

....

....

Cartão de anúncio do nascimento

Esse rato que aqui se mostra
É um rato que a gente gosta
É um rato que em vez de catar
Lasquinhas de queijo e comer na rua
Prefere mil vezes um beijo
Um beijo brilhante da lua

Escolhendo o nome

Nome do bebê

....

....

Outros nomes considerados

....

....

....

....

....

Motivo da escolha

....

....

Apelidos

....

....

Foto do batizado

Batizado

Data

....

Local

....

Roupa do bebê

....

Padrinhos

....

....

....

Descrição do batizado e da celebração

Quem estava lá

Cartões e presentes

Como o bebê se comportou

Alecrim, alecrim dourado
Que nasceu no campo
Sem ser semeado
Foi meu amor
Que me disse assim
Que a flor do campo é
o alecrim

Árvore genealógica

Família do bebê

Data de nascimento da mãe

Local de nascimento da mãe

História de vida da mãe em poucas palavras

Data de nascimento do pai

Local de nascimento do pai

História de vida do pai em poucas palavras

Datas familiares significativas

Irmãos e irmãs

Idade dos irmãos e irmãs

Bisavó | Bisavô | Bisavó | Bisavô | Bisavó | Bisavô | Bisavó | Bisavô

Avó | Avô | Avó | Avô

Mãe | Pai

Bebê

Noites sonolentas

Dorme, dorme, meu filhinho
É noite, papai já veio
Teu maninho também dorme
Embalado no meu seio

Dorme, dorme, meu filhinho
Que as aves já estão dormindo
E as estrelas cintilantes
Lá no céu estão luzindo

Descrição do quarto do bebê

....

....

....

....

....

Descrição do berço

....

....

....

....

....

....

Dormiu pela primeira vez no berço

....

....

Dormiu pela primeira vez no próprio quarto

....

....

Dormiu pela primeira vez a noite inteira

....

....

Momentos inesquecíveis

....

....

Ajudando o bebê a dormir

Rotina da noite

Canções de ninar que ele(a) ama

Histórias para dormir que ele(a) ama

Brinquedos da hora de dormir ou chupetas

Técnicas para acalmar experimentadas

A técnica que melhor funcionou

Bebê dormindo

Comer para crescer

Primeiros alimentos e bebidas

Começou a comer purê de comida

Começou a comer comida amassada

Começou a comer comida sólida

Alimentos que o bebê ama

Bebeu mamadeira

Bebeu por um canudo

Bebeu em um copo

Sentou em uma cadeirinha alta

Comeu com uma colher

Começou a comer junto com a família

Sensibilidades alimentares

Momentos inesquecíveis

Bebê comendo

Meu lanchinho
Meu lanchinho
Vou comer, vou comer
Pra ficar fortinho, pra ficar fortinho
E crescer! E crescer!

Marcos do desenvolvimento

Começou a seguir com os olhos

Começou a virar a cabeça ao escutar algo

Bebê crescendo

Sorriu pela primeira vez

Começou a pegar o chocalho ou brinquedo

Começou a colocar o chocalho ou brinquedo na boca

Babou pela primeira vez

Sustentou a cabeça pela primeira vez

Rolou pela primeira vez

Começou a sentar sozinho

....

....

Engatinhou pela primeira vez

....

....

Levantou pela primeira vez sem se apoiar

....

....

Começou a andar sem se apoiar

....

....

Começou a pronunciar palavras

....

....

Primeiras palavras

....

....

....

Começou a andar

....

....

Andou sozinho

....

....

....

Primeiro dente

....

....

Brilha, brilha, estrelinha
Quero ver você brilhar
Brilha, brilha lá no céu
Brilha, brilha lá no mar
Brilha, brilha, estrelinha
Quero ver você brilhar

Coisas que o bebê ama

Brinquedos de pelúcia

Brinquedos

Chupeta

Coisas da casa

Livros

Canções de ninar

Brincadeiras

Animais ou bichinhos de estimação

Desenhos

Atividades

Pessoas

Lugares

Carneirinho, carneirão
Neirão, neirão
Olhai pro céu, olhai pro chão
Pro chão, pro chão

Bebê esperto

Deu tchau pela primeira vez

Brincou de "achou" pela primeira vez

Bateu palmas pela primeira vez

Puxou um brinquedo de puxar pela primeira vez

Virou as páginas de um livro pela primeira vez

Pegou objetos pequenos pela primeira vez

Empilhou blocos pela primeira vez

Cantou junto uma música pela primeira vez

Dançou pela primeira vez

Outras primeiras vezes do bebê

Nana, nenê
Que a Cuca vem pegar
Papai foi pra roça
Mamãe foi trabalhar

Bebê esperto

Nana, nenê
Que a Cuca vem pegar
Se não dormir depressa
Ela vai te assustar

Bebê saudável

Vacinas

Idade	Vacinas	Data
Nascimento		
2 meses		
4 meses		
6 meses		
12 meses		

Outras vacinas

Idade	Vacinas	Data

Reações

Exames de saúde e desenvolvimento

Profissionais de assistência médica

Visitas a profissionais de assistência médica

Idade	Data	Comentários

Macaco foi à feira
Não tinha o que comprar
Comprou uma cadeira
Pra comadre se sentar

A comadre se sentou
A cadeira esborrachou
Tadinha da comadre
Foi parar no corredor

2 meses de idade

Geralmente acorda às

Vai dormir às

Rotina de sono diurna

Rotina alimentar diurna

Rotina de sono e alimentar noturna

Peso

Altura

Circunferência da cabeça

Períodos de choro

Melhor forma de acalmar o bebê

Mudanças

Novos sons

Novas primeiras vezes

Temperamento do bebê

Apelidos

Descrição de um dia normal

Bebê com 2 meses

Legenda da foto

A foto foi tirada no dia

4 meses de idade

Bebê com 4 meses

Legenda da foto

A foto foi tirada no dia

Rotina de sono diurna

Geralmente acorda às

Vai dormir às

Rotina alimentar diurna

Rotina de sono e alimentar noturna

Peso

Altura

Circunferência da cabeça

Tempo brincando no chão

Períodos de choro

Melhor forma de acalmar o bebê

Mudanças

Novos sons

Novas primeiras vezes

Temperamento do bebê

Apelidos

Descrição de um dia normal

Atividades preferidas

Alimentos preferidos

6 meses de idade

Geralmente acorda às

Vai dormir às

Rotina de sono diurna

Rotina alimentar diurna

Rotina de sono e alimentar noturna

Peso

Altura

Circunferência da cabeça

Tempo brincando no chão

Períodos de choro

Melhor forma de acalmar o bebê

Mudanças

Novos dentes

Sintomas da dentição e remédios

Bebê com 6 meses

Novos sons

Novas primeiras vezes

Temperamento do bebê

Apelidos

Descrição de um dia normal

Atividades preferidas

Legenda da foto

A foto foi tirada no dia

Alimentos preferidos

8 meses de idade

Geralmente acorda às

....

....

Vai dormir às

....

....

Legenda da foto

....

....

....

....

A foto foi tirada no dia

....

Rotina de sono diurna

....

....

Rotina alimentar diurna

....

....

Rotina de sono e alimentar noturna

....

....

....

....

Bebê com 8 meses

Peso

Altura

Circunferência da cabeça

Tempo brincando no chão

Períodos de choro

Melhor forma de acalmar o bebê

Mudanças

Novos dentes

Sintomas da dentição e remédios

Novos sons

Novas primeiras vezes

Temperamento do bebê

Apelidos

Descrição de um dia normal

Atividades preferidas

Alimentos preferidos

10 meses de idade

Geralmente acorda às

Vai dormir às

Rotina de sono diurna

Rotina alimentar diurna

Rotina de sono e alimentar noturna

Peso

Altura

Circunferência da cabeça

Tempo brincando no chão

Períodos de choro

Melhor forma de acalmar o bebê

Mudanças

Novos dentes

Sintomas da dentição e remédios

Bebê com 10 meses

Legenda da foto

A foto foi tirada no dia

Alimentos preferidos

Novos sons

Novas primeiras vezes

Temperamento do bebê

Apelidos

Descrição de um dia normal

Atividades preferidas

1 ano de idade

Geralmente acorda às

Vai dormir às

Rotina de sono diurna

Rotina alimentar diurna

Rotina de sono e alimentar noturna

Bebê com 1 ano

Legenda da foto

A foto foi tirada no dia

Peso

Altura

Circunferência da cabeça

Tempo brincando no chão

Períodos de choro

Melhor forma de acalmar o bebê

Mudanças

Novos dentes

Sintomas da dentição e remédios

Novos sons

Novas primeiras vezes

Temperamento do bebê

Apelidos

Descrição de um dia normal

Atividades preferidas

Alimentos preferidos

Primeiro aniversário

Data da festa de aniversário

Como foi comemorado

Quem estava lá

Primeiro aniversário

Legenda da foto

A foto foi tirada no dia

Seu presente para o bebê

Outros presentes

Roupa do bebê

Como o bebê se comportou

A reação do bebê quando cantaram "Parabéns pra você"

Descrição do bolo

Descrição da festa de aniversário

Momentos inesquecíveis

Primeiro Natal

Véspera de Natal

Onde foi

Quem estava lá

Roupa do bebê

Descrição da primeira véspera de Natal do bebê

Natal

Onde foi

Quem estava lá

Roupa do bebê

Seu presente para o bebê

Outros presentes

Presente que o seu bebê mais gostou

Primeira refeição de Natal

Descrição da árvore de Natal

Descrição do primeiro Natal do bebê

Primeiro Natal

Legenda da foto

A foto foi tirada no dia

Bate o sino pequenino
Sino de Belém
Já nasceu Deus menino
Para o nosso bem

Relembrando

O primeiro ano do bebê

A maior alegria

O maior desafio

Primeira reação dos irmãos ao bebê

Relacionamento dos irmãos com o bebê agora

Personalidade do bebê

Pensamentos sobre ser uma família

Hoje eu tenho

2

MESES

Hoje

EU

NASCI

Hoje eu tenho

3 MESES

Hoje eu tenho

1 MÊS

Hoje eu tenho

4 MESES

Hoje eu tenho

5 MESES

Hoje eu tenho

6 MESES

Hoje eu tenho

7 MESES

Hoje eu tenho

10 MESES

Hoje eu tenho

8 MESES

Hoje eu tenho

11 MESES

Hoje eu tenho

9 MESES

Hoje eu tenho

1 ANINHO

Hoje eu dei meu primeiro

SORRISO

Hoje

DORMI

a

NOITE TODA

Hoje eu

ROLEI

pela primeira vez

Hoje eu

ENGATINHEI

Hoje eu

SENTEI

sozinho

Hoje eu ganhei meu

PRIMEIRO DENTE

Hoje eu

FIQUEI EM PÉ

Hoje eu

ANDEI

pela primeira vez

Hoje eu

COMI ALIMENTO SÓLIDO

pela primeira vez

Hoje eu falei minhas

PRIMEIRAS PALAVRAS

EU & MINHA FAMÍLIA